監修者のことば

やり方がちがう人を取り残さない

東洋大学人間科学総合研究所客員研究員　川内美彦（かわうちよしひこ）

　本を読むときに、多くの人は、文字を目で読みます。では、目の見えない人は、本が読めないのでしょうか。いえいえ。目の見えない人は、点字や、パソコンでの音声による読み上げなどで、本を読んでいます。

　人と話をするとき、多くの人は、相手の声を聞きながら話をします。では、耳の聞こえない人は、人と話ができないのでしょうか。いえいえ。耳の聞こえない人は、手話や筆談などで、人と話をしています。

　高いところのものを取るとき、多くの人は、背をのばして取ります。では、立ち上がることができない人は、高いところのものが取れないのでしょうか。いえいえ。立ち上がることができない人は、周りの人にお手伝いをたのんだりして、高いところのものを取っています。

　見えない、聞こえない、立ち上がれない人たちは、できない人だと思われていますが、そうではなくて、ほかの人たちとはやり方がちがうのです。でも社会は、やり方がちがう人がいることを、あまり考えてきていませんでした。なので、やり方がちがう人には、できないことがたくさん生まれてしまっています。

　この本には、そのやり方がちがう人たちができるようになれる工夫が、たくさん載っています。いま世界は、「だれひとり取り残さない」（Leave No One Behind）という目標をかかげています。これからは、ほかの人とやり方がちがっていても、その人たちなりのやり方で、いろいろなことができるような社会になっていってほしいものです。そして、それぞれの人がそれぞれのやり方でできることがあたりまえの社会になってほしいものです。

　そうした社会にするにはどうしたらよいか、そして町にはどんな工夫をしていくとよいか、みなさんもぜひ、考えてみてください。そして、考えつづけてください。

みんなが過ごしやすい
町のバリアフリー
②

監修 川内美彦（東洋大学人間科学総合研究所客員研究員）

乗り物に乗る工夫

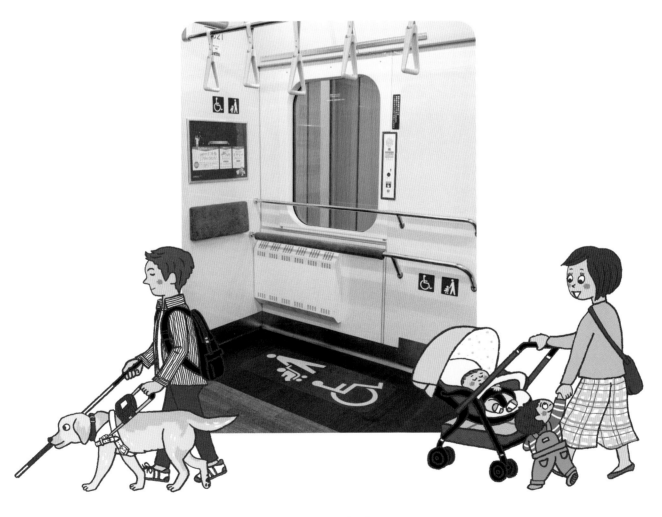

小峰書店

「みんな」ってどんな人？

　この本のタイトルは『みんなが過ごしやすい町のバリアフリー』です。ところで「みんな」とは、だれのことでしょうか？

　町には、お年よりや小さい子ども、目や耳などに障害のある人、けがをした人、日本語がわからない外国人など、さまざまな人がいます。そのひとりひとり、すべての人たちができるだけバリア（かべ）を感じずに過ごせるように、町の図書館、病院などの建物や乗り物、道路の設備にはいろいろな工夫があります。

　2巻では「乗り物に乗る工夫」を紹介します。さまざまな人にとって電車やバスが使いやすいように、どんな工夫があるかを調べてみましょう。そして、みんなが過ごしやすい町になるために、自分にはどんなことができるか、考えてみましょう。

もくじ

この本の使い方 ……………………………… 3
報告文を書いてみよう ……………………… 4
報告文を書くコツ❷ ………………………… 5

お出かけ密着レポート
電動車いすを使う 小曽根正和さん ……… 6

■ 乗り物に乗る工夫❶
交通系ICカードと自動改札機 ……… 8
■ くわしく知ろう！ 切符と券売機の歴史 ……… 12

■ 乗り物に乗る工夫❷
駅のホーム柵 ………………………… 14
■ 見てみよう！ 進む鉄道のバリアフリー ……… 18

■ 乗り物に乗る工夫❸
電車やバスの車いす・
ベビーカースペース ………………… 20
■ 見てみよう！ いろいろな優先スペース ……… 24

■ 乗り物に乗る工夫❹
路線と駅をあらわす記号 ……… 26
■ 見てみよう！ 駅のわかりやすいサイン表示 ……… 30

■ 乗り物に乗る工夫❺
フルフラットバス ……………… 32
■ くわしく知ろう！ バスのバリアフリーのうつりかわり … 36

✈ 見てみよう　空港のバリアフリー ……… 38

さくいん ……………………………… 40

この本の使い方

この本では、バリアフリーのための設備とその工夫について、3つのステップで紹介しています。

❶

Q どんな場所にあるの？

Q＆Aの形式で、紹介している町の工夫が、どのような場所でよく見られるかなどを説明しています。町を歩いて調べるときの参考にしましょう。

調べてみよう！

紹介している町の工夫について、身近な場所を調べるときのヒントです。

❷

Q なぜ、つくられたの？

Q＆Aの形式で、この設備がなぜ考えられたのか、なぜつくられたのかを説明します。どんな人にとって便利なのかも説明します。

使いやすくするための工夫

設備にどのような工夫がされているのか、図や写真とともに紹介します。

インタビューコーナー

紹介している設備と関わりの深い、当事者のみなさんの声をQ＆Aの形式で紹介します。

❸

くわしく知ろう！見てみよう！

紹介した町の工夫について、くわしく解説するページです。誕生したときのことや今にいたるまでの歴史を紹介したり、国内での広まりや発展のようすを紹介したりしています。

年表、グラフなど

年表やグラフで、その設備に関するバリアフリーの歴史などをよりくわしく学びます。

コラム

紹介した町の工夫について、少しちがった視点から考えます。

考えてみよう！

みんなの毎日のくらしと町のバリアフリーの関係について、みんなで考えていきたいことを提案します。

報告文を書いてみよう

みんなが過ごしやすい町になるためのバリアフリーの工夫について、調べて報告文を書いてみましょう。ここでは、駅のホーム柵について調べた報告文を紹介します。

この本で調べた報告文の例

駅のホーム柵で、みんなが過ごしやすい町へ

5年2組　島田一郎

1.調べたきっかけ

電車に乗って家族で○○デパートへ買い物に行ったとき、△△駅のホームに動くドアがあるのに気がついた。家からいちばん近い××駅にはない。この駅のホームにあるドアが、どんな人にどんなふうに役に立っているのかを知りたくなったので、調べることにした。

2.調べ方

大きく分けて、二つの方法で調べた。一つ目は、実際に駅に行って、ホームにあるドアが何に役立っているのかを観察した。二つ目は本で、このような動くドアがどんな駅にあるのかなどを調べた。

3.調べて分かったこと

ぼくの見たドアは「ホーム柵」というそうだ。△△駅のホーム柵を調べたら、電車がホームにいないときはしまっていて、ホームに入ってきた電車のとびらが開いたときだけ、ホーム柵も開いた。「みんなが過ごしやすい町のバリアフリー」によると、ホーム柵は、「ホームから人が転落するのをふせぐための柵」だそうだ。「1日に10万人以上が利用する大きな駅や、新しくできた駅には、ホームごとにホーム柵を取りつける方針が決められている」と書いてあった。設置された駅では、あやまって人が線路へ転落することがなくなったそうだ。右の東京の地下鉄の「転落事故件数のうつりかわり」のグラフを見ると、柵ができてから事故がなくなったことが分かった。

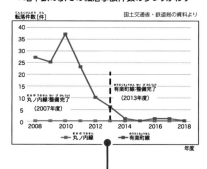

▼地下鉄の駅での転落事故件数のうつりかわり

転落件数[件]　　　　　　　国土交通省・鉄道局の資料より

丸ノ内線：整備完了（2007年度）

有楽町線：整備完了（2013年度）

─■─ 丸ノ内線　　─■─ 有楽町線

年度

4.まとめ

みんなが駅を安全に利用できるために、ホーム柵がとても役に立っていることが分かった。大きな駅からつけられていることも分かった。ホームから人が落ちる事故が起きないように、ぼくの家の近くの××駅にもできたらいいなと思った。

――――――――――――――――――――――――――――――――

参考　「みんなが過ごしやすい町のバリアフリー」小峰書店　（2022年）

15ページの「どんな場所にあるの?」から、文章を引用しているよ。

15ページの「どんな場所にあるの?」から、文章を引用しているよ。

16ページ「なぜ、つくられたの?」を読んで、分かったことを書いているよ。

18ページから、グラフを引用しているよ。

コツの①、③〜⑤は
1巻、3〜5巻を見てね!

どの「調べ方」がいいか、考えよう

調べ方には、以下のような方法があります。
● インタビューをする　● アンケート調査をする
● 実際に見て調べる　● 本や資料で調べる
● インターネットで調べる

調べて報告文を書くには、どの調べ方がいいでしょうか。調べたことを人に正確に伝えるためにも、調べ方は大切です。左のページの例では、「実際に見て調べる」「本や資料で調べる」の2つの方法をえらんでいました。島田くんは、駅のホーム柵を調査するために現地へ行き、バリアフリーについての本を読んで分かったことを組み合わせました。

調べる方法には、それぞれにいいところがあります。実際に見て調べる方法では、その設備が動いたり音を出したりしているところや、人が利用しているようすを観察することで、ほかの方法で調べたこととつなげて理解できます。本にある情報は、専門家が書いていることが多く、確かな調査にもとづいているのでおすすめです。インターネットもたくさんの情報をさがせるので便利ですが、正しくない情報も多いので、注意が必要です。

「交通系ICカードと自動改札機」 を調べることにしたFさんの場合

毎日駅を使っているお父さんにインタビューしてみよう。

インタビューをする

自動改札機か…昔の駅のことなら、おじいちゃんにも聞いてごらん。

「電車やバスの車いす・ベビーカースペース」 を調べることにしたGくんの場合

クラスのみんなにアンケートをとってみよう。

アンケート調査をする

「車いす・ベビーカースペース」はバスのどこにあるか知ってる?

「フルフラットバス」 を調べることにしたHさんの場合

私の町では、フルフラットバスは走っていなさそうだな。インターネットで調べよう。

インターネットで調べる

あ、フルフラットバスが初めて走ったときの新聞記事があった。

ポイント 報告文でだれに、何を伝えたいかを考えよう。そして、友だちはどんな調べ方をえらんだかを聞いて、自分の調べ方とくらべてみよう。

電動車いすを使う
小曽根正和さん

小曽根さんは、電動車いすを使っています。バスと電車を乗りつぎながら、外へ出かけます。

私は中学校・高校と水泳部で、泳ぎがとくいでした。ところがあるとき、海で事故にあい、頸髄損傷のため車いすを使う生活となりました。下半身だけでなく、握力がないため手にも力が入りません。お店で棚から商品を取ってほしいときなどは、その場にいる人にお願いしています。こまっていそうだったら、気軽に「だいじょうぶですか?」と声をかけてもらえるとうれしいです。

乗っているのは重さ170kgの愛車です。レバーをかたむけて運転します。

1 バスと電車に乗る

バスに乗ります。運転手さんが手早く座席をたたんで、車いす用のスペースをつくってくれました。

レールの上をななめに進めば、ガタンとならないんだ。

踏切の線路をこえるときは、車いすをななめに動かします。幅の細いキャスターの車いすはレールにはまる危険があるので、レールに対して直角に進みます。

地下鉄の駅に着きました。自動改札を通ります。

車いす用スペースのある車両に乗ります。ホームと車両の隙間が小さい駅では、ひとりで乗れます。

今日は混んでいるかな?

2 近所で買い物

近所の団地の敷地内にある八百屋さんへ向かいます。団地の中は車や自転車が通らず、さんぽにもぴったりの場所です。

団地の反対側の入り口には4cmの段差があります。車いすで乗りこえるのはむずかしい高さです。

> この道はできるだけ通らないようにしています。

> おや、おひさしぶり。

近所の人に会いました。ちょっとおしゃべりしました。

お店の人にたのんで、商品の箱をどかしてもらいました。

> これはちょっと通れないな…

八百屋さんの中の通路はせまいです。

レタスをひとつ、買います。両手がまひしている小曽根さんは、自分でお金を取り出せません。

レジの人が、さいふからお金を取ってくれました。レシートも、さいふへ入れてくれます。

車いすの背にあるリュックに、レタスを入れてもらいました。

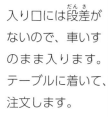

入り口には段差がないので、車いすのまま入ります。テーブルに着いて、注文します。

> お腹すいたな。何にしようかな。

団地の中のなじみのそばやさんにきました。

> 開店していたぞ、よかった!

乗り物に乗る工夫 ①

交通系ICカードと自動改札機

電車に乗るときに、駅の改札機に「ピッ」とICカードをかざせば、改札を通ることができます。便利な交通系ICカードと自動改札機について、仕組みと工夫を見てみましょう。

乗車駅で、自動改札機の読みとり部分に交通系ICカードをタッチすると、駅に入場したことがカードに記録される。下車した駅で同じようにタッチすると、カードにチャージ（入金）してある金額から運賃が差し引かれる。最近はスマホに交通系ICカードの機能を入れ、カードの代わりにスマホを使う人も多い。

A 鉄道駅の改札口

　改札とは、駅で乗客の切符などの乗車券を、調べたり集めたりすることをいいます。昔は改札口に駅員がいて、切符を切って改札済みの印を入れていました。今は駅員の代わりに、交通系 IC カードを読みとるための自動改札機がならんでいます。駅に出入りする乗客はかならずこの自動改札機を通り、切符や交通系 IC カードを機械に通して運賃を支払います。

　路線バスにも、交通系 IC カードをタッチさせて運賃を支払うための機械があります。

駅に自動改札機がならぶ。いちばん左は通路の幅が広くなっていて、車いすや大きなスーツケースを持った人などが通るのに便利。

乗降客数の少ない駅や無人駅にある、交通系 IC カードの読みとり機。自動改札機と同じ役割がある。

調べてみよう！ きみの身近な駅で、改札が自動改札機に変わったのはいつかな？

Q なぜ、つくられたの？

A 改札口の混雑をなくすため

　駅員が改札口で乗客の切符を切っていた時代には、朝の通勤・通学の時間には改札口に乗客がならびました。改札のスピードを上げて駅の混雑をなくすために、また駅の人手不足に役立てるために、改札を自動で行う機械が開発されました。

　自動改札機が登場したあと、しばらくして交通系ICカードの開発もスタートしました。ICカードは年々進化し、そのおかげで、乗客は駅で切符を買う必要がなくなりました。交通系ICカードは、あらかじめお金をカードにチャージ（入金）して使います。カードを自動改札機のタッチ面にタッチするだけで、改札を通ることができます。とくに目の不自由な人にとっては、運賃を調べて切符を買う必要がなくなったことで、電車に乗ることが楽になりました。

考えてみよう！ 切符を買う必要がなくなって、ほかにどんなことが便利になったかな？

使いやすくするための工夫

交通系ICカード

工夫① いちいち現金を出して切符を買う必要がありません。チャージは駅だけでなく、コンビニエンスストアなどでもできます。

工夫② カードを定期入れやさいふに入れたまま

タッチして、入場駅、出場駅や金額などデータのやりとりができます。やりとりは0.2秒ですみます。

工夫③ カードには電池が入っていません。電源がなくても使えます。

工夫④ 地域や路線により、いろいろな種類のICカードがあります。1枚のカードで、ほかの鉄道会社のサービスを利用できる場合もあります。

「キリカキ」とよばれる切りこみは、カードの種類によって形がちがう。さわるだけで、交通系ICカードだと知ることができる。

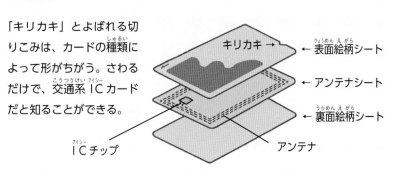

キリカキ →
← 表面絵柄シート
← アンテナシート
← 裏面絵柄シート
ICチップ　　アンテナ

交通系ICカードのしくみ

ICカードには、通信を行う「アンテナ」とコンピューターの役目をする「ICチップ」がはさみこまれている。自動改札機のタッチ面からは、いつも弱い電磁波が出ていて、カードをかざすことでアンテナが電磁波を受信すると、わずかな電流ができる。この電流を使って、データのやりとりが行われる。

自動改札機

工夫❶ 人が歩く速さに合わせて、自動で改札をします。1分間におよそ70人が通過できます。

工夫❷ センサーがついていて、人が通ったかどうかを感知します。運賃がかからないベビーカーなどは、センサーで見分けて通過させます。

工夫❸ カードのタッチ面は、確実にタッチしやすいように角度を13度にかたむけてあります。カードのチャージ金額が足りないときなどはタッチ面が赤く光って音が鳴り、改札を通れません。

工夫❹ 子どもがICカードでタッチすると、「ピヨピヨ」などと音が鳴ったり、ランプが点灯したりします。通ったのがおとなではなく、子ども料金で乗車できる子どもであることを、駅員が目で確認します。

工夫❺ タッチをせずに通ろうとすると、すばやくとびらがしまります。けがをしないように、しまる直前にスピードが落ちる仕組みです。

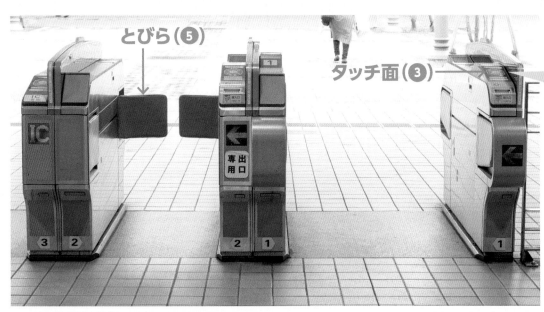

とびら（❺）

タッチ面（❸）

しっかりタッチ

車いすが通ることのできる幅の広い自動改札機（右）。改札機を通過中の車いすやベビーカーがいるときは、とびらはしまらない仕組み。

昔から駅を使っている
長山 悦子さんの
お話

Q 自動改札機と交通系ICカードができて、駅の使い方は変わりましたか?

A とても便利ですが、今でも切符も買います。

自動改札機に交通系ICカードをタッチする乗り方になったのは、約20年前だったと思います。あまりに便利で、びっくりしました。それまでは、目的地までの運賃や時間を調べるには、運賃表や時刻表を見なければなりませんでした。今は、何も調べなくても乗ることができるので楽です。とくに目の不自由な方は、駅を利用しやすくなったと思います。ただ、私は今でも、時間のあるときは券売機で切符を買って乗車します。目的地と運賃をはっきりと頭にきざめるので、好きです。これからも、切符を残してほしいです。

切符と券売機の歴史

自動改札機ができる前の改札

　昔は、駅の改札口には駅員がいて、特別な鋏を使って切符を切っていました。切れ目を、改札済みの印にしたのです。駅ごとにちがう形の切れ目なので、切れ目の形を見れば、どの駅から乗ってきた乗客なのかがわかる仕組みでした。

　大きな駅でも人の手で切符を切っていたので、駅員の人数が足りず、改札口はいつも混雑していました。

使用済みの切符。上部に鋏を入れてある。

1971年、年末に混雑する駅の改札口。大いそがしの駅員。

写真：朝日新聞社

自動改札機の開発

　1965（昭和40）年、近畿日本鉄道が自動改札機の開発にとりかかりました。しかし、近畿日本鉄道は開発事業から撤退し、開発に参加していたオムロンという会社が事業を引きつぎました。

　2年後、当時の京阪神急行電鉄の北千里駅（大阪府）で試作機を取りつけて実験を行い、成功。切符に磁気テープの仕組みを取りいれて、切符だけでなく定期券も自動改札機を通せるようにしたのです。1975年末までに、大阪を中心とした地域に大手私鉄と大阪市営地下鉄が自動改札機を導入しました。関東でもその後設置されていきました。

写真協力：オムロンソーシアルソリューションズ株式会社

1967年、試作機の成功を受けて、京阪神急行電鉄の北千里駅に取りつけられた自動改札機。この年から営業を開始した。

改札と切符のうつりかわり年表

西暦	できごと
1967	阪急電鉄・北千里駅に初めての自動改札機を10台設置
1975	近畿地方の大手私鉄と大阪市営地下鉄が自動改札機を導入
1990	ＪＲ東日本が山手線に自動改札機を導入
1991	自動改札機に直接投入できるプリペイドカード「イオカード」のサービスを開始
1992	アメリカで世界初のスマホ（スマートフォン）が登場
2001	ＩＣカード乗車券の「Suica」がＪＲ東日本の首都圏で使用開始
2006	ＪＲ東日本がスマホで自動改札機を通るアプリを提供
2007	共通ＩＣカード乗車券「PASMO」の運用開始

交通系ICカードの登場

　1990（平成2）年には、切符に使われていた磁気のしくみが改良され、たくさんの情報を記録できるようになりました。これによって複雑な乗り換えの情報も記録できるようになり、1996年ごろから、ちがう路線にまたがる定期券や乗車券も、自動改札機で使えるようになりました。

　携帯電話が広く使われるようになったのもこのころです。2001年には、ICカード乗車券が登場。のちに交通系ICカードとよばれるようになり、現在の自動改札の仕組みができあがりました。

　一方で、改札が自動になったことで駅員のいない無人駅がふえ、こまっている人もいます。

プリペイド式（前払い）の電磁カード。カードの金額を使い切るまで、自動改札機に通すことができる。

700系誕生

今は路線バスでも、電車と同じ交通系ICカードを使うことができる。乗車券として使う以外に、自動販売機やコンビニエンスストアなどで買い物もできるので、便利だ。

知っているかな？

8か国語に対応する自動券売機

　2017（平成29）年、東京都の都営地下鉄の駅に新しい自動券売機が設置されました。海外からやってきた外国人観光客が、行き先の駅をさがしたり切符を買ったりしやすい券売機です。日本語にくわえて、英語・中国語・韓国語・フランス語など、ぜんぶで8か国語に対応しています。日本語がわからない人だけでなく、すべての人にとって使いやすいよう、さまざまな工夫がほどこされています。

パネル部分は横80cmと大きく、路線図全体を表示できる。スマホやタブレット端末を使う感覚で、パネルをタッチして操作できる。目の不自由な人など、タッチパネルを使わない人のための専用ボタンもある。ただし、駅の自動券売機は場所によっては、車いすの位置からパネルを見ると天井の照明が反射して、見にくいことがあるのが課題だ。

改札が自動になって駅員がいなくなると、どんな人がどんなときに、こまるのかな？

考えてみよう！

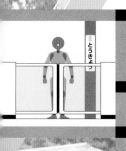

乗り物に乗る工夫❷

駅のホーム柵

ホームにそって、左右に開いたり上下に動いたりする柵が取りつけられている駅があります。この柵は、何のためのものでしょうか？

10	両編成
10号車	3番ドア
8	両編成
8号車	3番ドア

ホーム柵にはいろいろな形や種類がある。この写真は、左右にとびらが開くもの。近年、駅のホームに設置が進められているが、ひとつの駅で、ホーム柵があるホームとないホームがある場合もある。

Q どんな場所にあるの?

A 乗降客数の多い駅のホーム

　ホーム柵は、ホームから人が転落するのをふせ
ぐための柵です。電車のドアの開閉に合わせて動
くものが主流で、1日に10万人以上が利用する
大きな駅や、新しくできた駅には、ホームごとに
ホーム柵を取りつける方針が、国によって決めら
れています。

　2008（平成20）年から2018年の10年間で、
ホーム柵の設置が終わった駅の数は、およそ2
倍にふえました。2019（令和元）年には、全国
で858の駅に設置されています。

大阪駅のロープ式のホーム柵。電車が到着すると、黄色の柱が5本のロープごと上へもちあがり、乗客はロープの下を通って乗車する。近畿地方にはロープ式が多い。

天井までとどくものは「ホームドア」とよばれる。

調べてみよう!　きみの身近な駅には、どんなホーム柵があるかな?

Q なぜ、つくられたの？

A 人が転落してけがをしたり、命を落としたりすることがないように

鉄道が全国に整備されてから、日本各地の駅で、ホームにいた人が動いている電車と接触する事故や、線路へ転落した人が電車にひかれる事故があとをたちませんでした。とくに、お酒によった人や、目の不自由な人がホームへ転落する事故が、たびたび発生しています。

ホームにある点字ブロックだけでは、こうした事故をふせぐことができません。そこで、乗客を事故から守るために、1970年代半ばから少しずつ、ホーム柵やホームドアの設置が始まりました。

設置された駅では、転落事故がなくなりました。しかし、設置が間に合っていない駅がまだ多くあり、それらの駅では今も事故が起きています。

考えてみよう！ ホーム柵やホームドアがないホームでは、どんなことに気をつければいいかな？

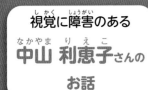

視覚に障害のある
中山 利恵子さんの
お話

Q ホーム柵ができて、駅は使いやすくなりましたか？

A ホーム柵はとても安心できる設備です。

ホーム柵があると、白杖を持っていないほうの手で、柵をさわりながら歩くことができるので安心です。ホーム柵のドアごとに何号車の場所かをしめす点字がつけてあるので、読みとって自分の位置をたしかめながら進むことができます。柵がまだ設置されていない駅では、こわいのでホームの中央を歩きますが、階段やベンチ、柱などがあって歩きにくいです。私のように目に障害のある人の中には、目的地まで遠回りでも、ホーム柵のある駅を使えるルートをさがして出かけている方もおられます。

使いやすくするための工夫

工夫❶ ドアの中央は透明なので、しまっていても電車が見えます。またホームにいるときの視界が広くなります。

工夫❷ ドアに人や物がはさまれそうになったり、車両とホーム柵の間に人がいた場合、センサーが感知して、自動でドアが開きます。

工夫❸ 停電したときやホーム柵が故障したときに脱出できるよう、手動でドアが開けられる仕組みになっています。

ステッカーに点字がある。目の不自由な人に、何号車のどのとびらの位置かを知らせる。

ホームに見られる安全策

ホーム柵にあるQRコード。車いす使用者など駅員の手助けが必要な人が乗車した位置を、駅員がスマホで読みこんで到着駅に送る。この方法なら速く正確に伝わる。

隙間ゴム

ホームと電車の隙間をせまくするために設置されている隙間ゴム。カーブがきついホームでは隙間が大きくなるため、隙間ゴムがあると、より安全だ。

内方線 ⟶

ホームの点字ブロックを白杖や足うらでさわったときに、線路側とホーム側（内側）の区別がつくよう、内方線がついた点字ブロックがしかれている。

進む鉄道のバリアフリー

ホーム柵の設置で大きくへった転落事故

ホーム柵があれば、人がホームへ転落する事故はへります。右のグラフは東京の地下鉄で起こった転落事故件数のうつりかわりをしめしたものです。設置の早かった丸ノ内線ではゼロがつづいています。2010年から段階的にホーム柵が設置された有楽町線では、全駅に設置が終わった翌年から、事故がほぼなくなっていることがわかります。

▼地下鉄の駅での転落事故件数のうつりかわり

転落件数［件］

国土交通省・鉄道局の資料より

丸ノ内線：整備完了（2007年度）

有楽町線：整備完了（2013年度）

（横軸）2008 2010 2012 2014 2016 2018 年度

━■━ 丸ノ内線　　━■━ 有楽町線

ハンドルのついた車いすで電車に乗る

これまでは、デッキ（客室ではない通路の部分）のついた特急列車に、ハンドル付電動車いすは乗ることができませんでした。ハンドル付電動車いすは、車いすというより、乗り物であると考える人が多かったからです。しかし2018年4月から、ハンドル付電動車いす（1巻27ページ）でも、特急列車などに乗ることができるようになりました。

外国ではハンドル付電動車いすを使う障害者が多く、日本に来たときに列車に乗れずこまることが多かった。東京2020オリンピック・パラリンピックの開催に合わせて、ハンドル付電動車いす（ハンドル形電動車いす）の乗車がみとめられた。

写真：毎日新聞社

鉄道のバリアフリーに関する年表

西暦	できごと
1973	初の優先席としてシルバーシートが設置される
1974	東海道新幹線熱海駅に、初のホーム柵が設置される
1983	国が、駅での身体障害者用の施設の整備を進めることを決める
1991	国が駅にエスカレーターを設置する考えをしめす
1993	国が駅にエレベーターを設置する考えをしめす
1994	建物のバリアフリーを定めた通称「ハートビル法」が施行される
2000	高齢者、身体障害者などの交通のバリアフリーを定めた「交通バリアフリー法」が施行される
2001	鉄道と空港のバリアフリーの方針が出される
2005	国が「ユニバーサルデザイン政策大綱」を出す
2006	「ハートビル法」と「交通バリアフリー法」が統合されて「バリアフリー法」ができる
2018	ハンドル付電動車いすでの特急列車等の利用がみとめられる
2020	新幹線の車いす席が4または6席にふえる

充実した新幹線の車いす席

新幹線の車いす用スペースは、列車全体で1または2席分しか用意されていませんでした。しかしこれでは、車いす使用の人どうしで乗ることができません。そこで2020（令和2）年から、4または6席分が用意されることになりました。

しかし一方で、車いすを使う人が受けられる運賃の障害者割引の手続きを、わざわざ駅に行ってしなければならない鉄道会社もまだあります（2021年現在）。航空券と同じように、インターネットでも割引を受けられるようにしてほしいという声があがっています。

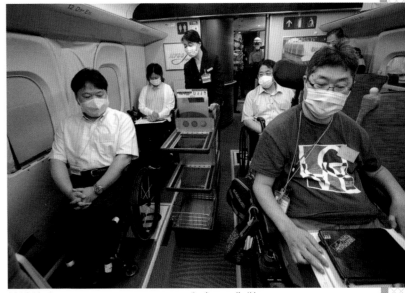

新幹線に4台の車いす用スペースを配置する実験のようす。手動の車いす、電動車いす、ハンドル付電動車いすの使用者が参加した。

写真：毎日新聞社

隙間のないホームの工夫

車いすを使う人が電車を乗り降りするときは、「渡り板」を使います。段差と隙間があると危険なためです。乗った駅の駅員は、降りる駅へ連絡をします。乗客が降りるときにも駅員の手助けが必要だからです。

しかし、近年になって、段差と隙間が少ししかないホームがつくられています。車いすを使う乗客がほかの人と同じように自分ひとりで乗り降りでき、とてもよろこばれています。

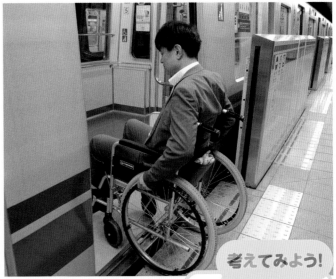

ホームと電車の間に隙間があまりないので、車いすでひとりで乗りこむことができる。国がしめす目安は、段差3cm、隙間7cm。

駅員が用意してくれる渡り板

考えてみよう！

車いすを使う人がひとりで乗車できると、どんないいことがあるかな？

きみの身近な駅には、安全のためのどんな設備があるかな？

調べてみよう！

電車やバスの車いす・ベビーカースペース

電車の中に、座席のない広い場所があります。バスには、座席をたたんで広くできる場所が用意されています。これらのスペースについて、見てみましょう。

東急大井町線の車両にある、車いす・ベビーカーのための優先スペース。「フリースペース」ともよばれる。

Q 乗り物のどこにあるの?

A 電車やバスの中の少なくとも1か所、または2か所

　電車にはかならず、座席のない場所があります。車いすとベビーカーのためのスペースで、つらなる車両の数によって少なくとも1か所、または2か所が用意される決まりです。中には、車両ごとにスペースをもうけている路線もあります。バスの場合には、真ん中あたりに座席をたたんで、車いすとベビーカーのためのスペースとして使える場所があります。

　そのほか新幹線や特急列車、船にも、車いすとベビーカーのためのスペースがもうけてあります。

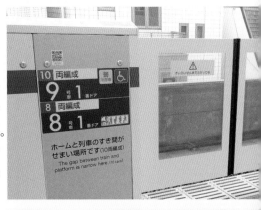

ホーム柵に、バリアフリーをしめす車いすマークがつけられている。優先スペースが用意されている車両が、この位置に停車する。

路線バスの中の優先スペース。必要なときにはこれらの座席をたたんでスペースをつくる。

調べてみよう! きみの家の近くを走る電車やバスでは、どこにあるかな?

Q なぜ、つくられたの?

A だれもが、電車やバスを利用できるように

電車やバスなどの公共交通機関は、さまざまな人が利用します。中には、車いすを使用する人や、ベビーカーに乗っている赤ちゃんもいます。これらの人がほかの人と同じように電車やバスを利用できるように、車いす・ベビーカー用のスペースがつくられました。

移動に車いすを使う人は、車いすのまま電車やバスに乗ります。ベビーカーは、以前はたたんで乗るように求められることが多かったのですが、赤ちゃんがいるとたくさんの荷物が必要で、さらに赤ちゃんを抱っこするのはとても大変でした。そこで2014（平成26）年、国がベビーカーマークを発表し、バスや電車にベビーカーのまま乗ることができることを共通のルールにしました。

ベビーカーで乗車できることをしめすベビーカーマーク

考えてみよう!

きみが優先スペースに立っていたら、車いすを使う人が乗ってきた。こんなとき、きみならどうする?

使いやすくするための工夫

電車の車いす・ベビーカースペース

工夫❶ 車いすマークとベビーカーマークは、ここが車いす使用者とベビーカー使用者が使える場所だとしめしています。かべにも床にも、目立つようにマークがあります。

工夫❷ 上下に2本の手すりがあります。下の手すりには、車いす使用者といっしょにいる人が、軽く腰をかけることができます。

工夫❸ 乗客の具合が悪くなったときなどのために、非常通報装置がつけられています。

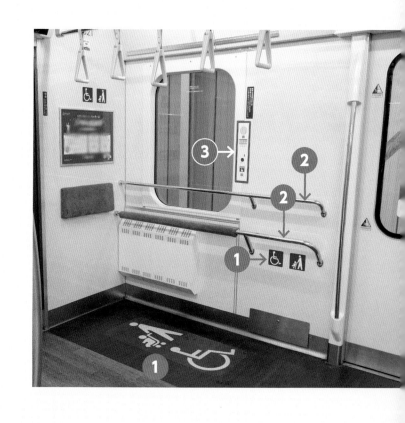

バスの車いすスペース・ベビーカー固定位置

工夫❶ 車いすスペースは乗降口（後扉）の正面にあります。車いすで乗り降りしやすい位置です。

工夫❷ 車いすのためのスペースであることをしめすために、座席に車いすのマークがつけてあります。車いす使用者が乗車するときには、座席をおりたたんでスペースをつくります。

工夫❸ 床に、金具がついています。車いす使用者が乗車したときには、この金具にベルトをかけて、車いすを固定します。

工夫❹ 車いすにすわった人がにぎるためのにぎり棒がついています。

工夫❺ ベビーカーのマークで、ベビーカーの固定位置であることもしめしています。

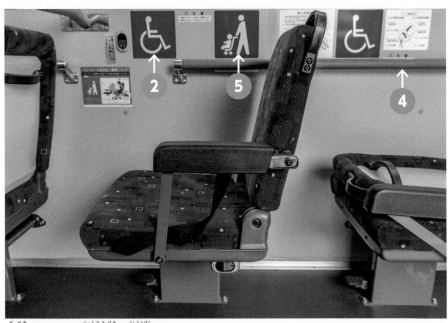

座席の正面に、乗降口（後扉）がある（❶）。車いすやベビーカーはこの中央近くの広い乗降口から乗り降りする。

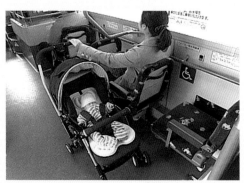

ベビーカーが乗るときは、座席はたたまず、座席とベビーカーをベルトで固定する。

車いすをベルトで固定するために床についている金具。

電動車いすを使っている
小曽根 正和さんの
お話

Q 電車やバスの乗り心地はどうですか？

A どちらも、とても乗りやすくなりました。

私が住んでいる東京都江東区はバスが便利な町なので、よく利用します。一部、燃料電池バスが走っていて、車いすスペースにある座席をあらかじめ外してあるのでとても利用しやすいです。電車も、最近は隙間ゴムなどの工夫でホームとの隙間が小さくなって、ひとりで乗れる駅がふえてきました。駅員さんにたよらず自分ひとりで乗れると、気を使わずに好きなときに好きな場所で乗ることができるので、いいですね。路線によって隙間対策の進み方に差があるので、すべての路線でひとりで乗れるようになってほしいです。

いろいろな優先スペース

席を必要とする人のための優先席

> きみが電車に乗ったときに、優先席が空いていたらすわってもいいかな？
>
> **考えてみよう！**

電車やバス、船など公共の乗り物には、お年よりや体の不自由な人などが優先的にすわることのできる「優先席」があります。優先席は、乗り降りがしやすいように乗降口に近い位置にあります。座席の色をほかの席とは別の色にしたり、優先席をしめすステッカーをはったりしてわかりやすくし、必要な人へ席をゆずることをうながしています。

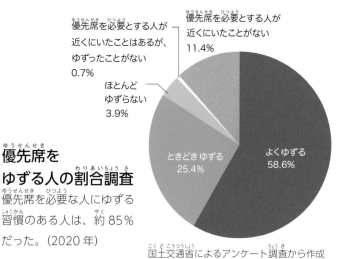

優先席を必要とする人が近くにいたことはあるが、ゆずったことがない 0.7%

ほとんどゆずらない 3.9%

優先席を必要とする人が近くにいたことがない 11.4%

よくゆずる 58.6%

ときどき ゆずる 25.4%

優先席をゆずる人の割合調査
優先席を必要な人にゆずる習慣のある人は、約85%だった。（2020年）

国土交通省によるアンケート調査から作成

駅前の専用乗降スペース

　車いすを使って電車に乗る人のために、駅前には乗用車用の専用の乗降スペースがあります。車の座席から車いすへ乗り換えたり、車いすから車の座席に乗り換えたり、移動したりするのにも時間が必要だからです。

　専用の乗降スペースは、改札口までできるだけ短い距離で行ける場所につくってあります。

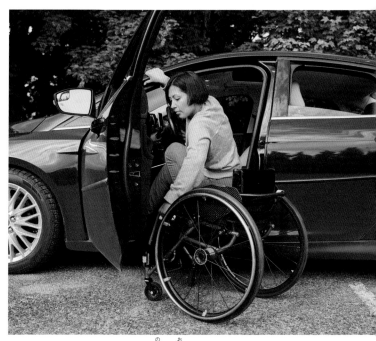

車いすを使う人の場合、車に乗り降りするときに車のドアを全開にする必要がある。ふつうの駐車スペースより、広い場所が必要だ。

必要な人が申請をして使う駐車場

車いす使用者や妊娠中の女性など、優先スペースを使う必要がある人が利用しやすいように、「パーキングパーミット制度」を取りいれている府県があります。これまでの駐車場では、だれでも駐車できてしまうため、本当に必要な人が利用できない場合があるという声が多くありました。そのため、新しい仕組みがつくられたのです。

必要な人が府県に申請し、交付された利用証を、車内にかけて使います。障害のある人だけでなく、お年よりや妊娠中の女性など、さまざまな理由で優先スペースを使いたい人が使うことができます。

事前に交付された利用証を、車の外から見えやすい場所にかかげて使う。

知っているかな？

優先席も、そうでない席も、必要としている人にゆずることが大切

外国を例に見てみると、優先席をつくっていない国も少なくありません。これは、優先席をつくらなくても必要な人にはゆずるのがあたり前、という考えがあるためです。座席を必要とする人が乗ってきたら、優先席でなくても席をゆずりましょう。

席をゆずったときに、「結構です」と断られても、気にすることはありません。立っている方が楽だという人もいるし、乗ったドアからはなれると不安だという人もいるからです。

どうしよう…
ゆずったほうが
いいのかな？

きみの身近な場所では、どんなところに
優先スペースが用意されているかな？
調べてみよう！

路線と駅をあらわす記号

駅構内に、いろいろな色で区別された、たくさんの路線のマークがあります。「サイン」という言葉には「署名」「合図」などいろいろな意味がありますが、マークなどを使って人を案内する表示も、サインとよびます。これらは、何のためにあるのでしょうか？

丸ノ内線
Marunouchi Line

東京の地下鉄・千代田線の大手町駅にある案内サイン。乗り場を矢印で誘導しているものや、乗り換え駅を案内しているものなどがある。うすぐらい通路でもだれもが見やすいように、表示器の内側から照明で照らして、くっきりと見えるようにしている。

Q どんな場所にあるの?

A 駅の入り口や駅構内、電車の中

　大きな都市では、地下鉄だけでもたくさんの路線があります。東京には、東京メトロと都営地下鉄を合わせて13もの路線があります。これらの路線をあらわすマークを「路線シンボル」、駅に番号を表記したものを「駅ナンバリング」とよびます。路線シンボルや駅ナンバリングを利用したサインは、地下鉄の出入り口や駅構内で多く見られます。また路線図として電車の中にもあります。

東京の地下鉄の駅出入り口にある、路線シンボルと駅ナンバリングを利用した路線案内サイン。この出入り口からは、3つの路線を利用できる。

大阪市のなんば駅構内にある乗り換え案内。それぞれの路線に乗り換えるためにはどの方向へ進めばいいか、わかりやすくしめしている。

調べてみよう! きみの身近な駅では、どんな案内のサインがあるかな?

A 路線と駅の数がとてもふえて、わかりやすい案内が求められたから

　東京は、世界でも有数の人口をかかえる巨大都市です。人口がふえるにつれて、つぎつぎに地下鉄の新しい路線が誕生し、今は地下鉄だけで13もの路線があります。地上にも地下にもたくさんの電車が走り、東京は世界有数の複雑な鉄道網をもつ都市となっています。

　路線と駅の数がふえると、行きたい場所へ行くにはどの駅でどの電車に乗り換えればいいのか、駅構内のどの通路を進めば乗りたい電車に乗れるのかが、わかりにくくなりました。また外国人観光客もふえ、だれにでもわかる案内表示が求められるようになりました。そこで、路線と駅を見分けやすくするための仕組みが必要になったのです。しかし、路線が13にもなると似た色を使わざるをえず、色覚障害のある人が見分けるための工夫がますます必要になっています。

見分けやすくするための工夫

路線シンボルと駅のナンバリング
（東京メトロ・都営地下鉄）

工夫❶ 太い丸枠の中にある太い黒のアルファベットは、ほとんどの場合、路線名の頭文字です。たとえば、丸ノ内線は「M」です。

工夫❷ 13の路線を13の色に分け、アルファベットを中央に配置しています。どの路線をあらわすか、見てすぐにわかります。

工夫❸ すべての駅に番号をふってあります（駅ナンバリング）。右は、丸ノ内線の大手町駅のサインです。

▼東京の地下鉄の路線シンボル

G	M	H	T	C	Y
銀座線	丸ノ内線	日比谷線	東西線	千代田線	有楽町線

Z	N	F	A	I	S
半蔵門線	南北線	副都心線	都営浅草線	都営三田線	都営新宿線

E
都営大江戸線

M18

丸ノ内線の大手町駅をしめす駅ナンバリング。起点の荻窪駅から数えて18番目の駅だ。

路線案内図（東京メトロの丸ノ内線）

工夫❶ 路線の色は赤です。丸ノ内線の駅をしめす路線シンボルと同じ色です。

工夫❷ 今いる駅の名前を、黒でなく赤い字でしめしてあります。今いるのは中野富士見町駅です。

工夫❸ それぞれの駅に番号をふってあります。駅名を読めなくても、どの駅かわかります。

工夫❹ すべての駅名に、ローマ字のアルファベットがふってあります。漢字を読めない外国の人も読むことができます。

工夫❺ 乗り換えのできる駅の上には、路線シンボルと路線名がしめされています。かぎられたスペースに表記するために、路線名はななめに書いてあります。

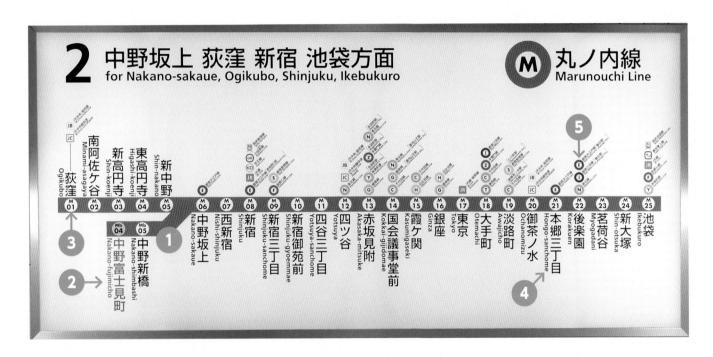

東京の地下鉄のサイン計画を担当している **アール・イー・アイ 株式会社** の **みなさん**のお話

Q 地下鉄の案内サインをつくるとき、むずかしいのはどんなことですか？

A たくさんの情報をわかりやすくしめすことです。

私たちの会社は、会社ができたころから30年以上、東京の地下鉄のサイン計画にたずさわっています。駅が新しくふえたり、ある路線が別の路線へ乗り入れるようになったり、エレベーターがふえたりと、鉄道と駅が便利になればなるほど、サインや案内図で案内しなければならない情報量はふえます。ですが、すべての情報を1枚のサイン板にのせると、かえってわかりにくいものになってしまいます。そのため、たとえば2つのトイレがある駅では、誘導サインではその場所から近いほうのトイレだけを案内し、案内図ではすべてのトイレの場所をしめすなどの工夫をしています。

わかりやすい運賃表

　切符売り場にある運賃表には、今いる駅がしめしてあり、それぞれの駅までの運賃が路線図上に表示されています。

　地下鉄はさまざまな深さにトンネルがほってあり、それぞれの路線がさまざまな場所で上下左右に交わっています。複雑な図ですが、路線を色で分けることで、それぞれの路線が見分けられます。乗り換えができる駅もわかります。

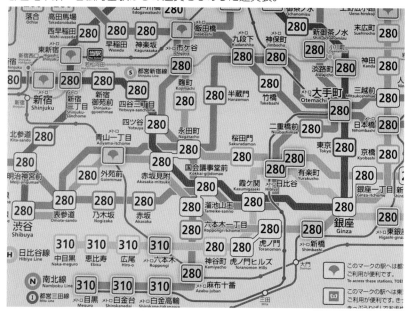

都営地下鉄・若松河田駅からの運賃をしめした運賃表。

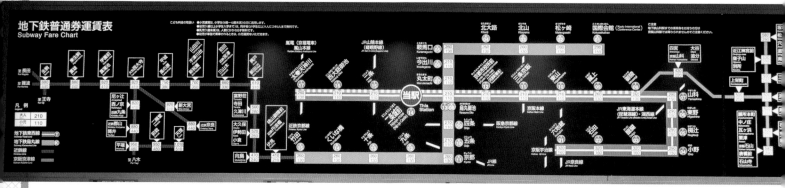

京都市営地下鉄・東西線の二条城前駅にある運賃表。中央に2つの地下鉄の路線を太い線でしめし、ほかの鉄道会社の乗り入れ区間も左右にしめしている。

知っているかな？

色の区別がつきにくい人のための工夫

　お年よりや、色覚障害または色弱とよばれる色の区別がつきにくい人にとって、同じような色に見えてしまう色の組み合わせがあります。赤が灰色に見える人もいます。このため、駅の案内サインには、色を見分けられなくてもこまらないような工夫がしてあります。

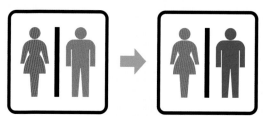

色弱の人にとって、トイレの男女マークは左の色よりも右の色の方が見分けやすい。

赤が灰色に見える人には、たばこの上にある赤い斜線に、白の境目の線があるとわかりやすい。

床や、かべを使って乗り換え先を案内する

大都市では路線がふえ、それぞれの駅での通路が入りくんで、駅のつくりがとても複雑になっています。かぎられたスペースに、乗り換え案内のサインを表示しなければなりません。そこで、駅構内の床やかべ全体、柱なども使って表示をする工夫がされるようになりました。今では日本各地の鉄道で、さまざまに工夫をこらしたサインが見られます。

東京都・新宿駅構内の床にある表示。線をたどって歩いて行くとその路線の乗り場にたどりつけるので、便利だ。黄色の点字ブロックのじゃまをしないように工夫されている。

東急東横線の渋谷駅のかべにある表示。路線の色を大きな面積で目立たせているので見つけやすく、乗りたい路線への道順がたどりやすい。

かべだけでなく、柱もサインに使っている。

きみの身近な駅や路線では、どんな案内サインの工夫があるかな？

調べてみよう！

フルフラットバス

車体の横に「Full Flat Bus」と書いてある、
新しい路線バスが登場しています。
どのようなバスなのでしょうか？

東京都内を走っているフルフラットバス。2021 年現在、
29 台のフルフラットのバスが走っている。

Q どんな特長があるの？

A 床がほぼ、平らになっている

「フルフラット」とは「全部平らな」という意味です。これまでの「ノンステップバス」とよばれるバスの場合、乗降口にはステップがなくノンステップでしたが、車内の後ろのほうに段差がありました。新しく登場したフルフラットバスには、この段差がありません。後ろまで床がほぼ平らになっているのが特長です。

ノンステップバスの車内。後方にある段差に「段差に注意」の黄色のステッカーがはってある。

フルフラットバスの車内。段差がなくなり、「段差に注意」のステッカーもなくなった。

調べてみよう！　きみの町の路線バスには、どんな工夫があるかな？

Q なぜ、つくられたの?

A バスの中を、後方まで安全に移動できるようにするため

　バスが混んでくると、前方から新しく乗ってくる乗客のために運転手が「もう少しずつ奥へつめてください」とアナウンスします。しかし、床に段差があると乗客が移動しにくく、バスの前方へ人が集まってしまうため、「フルフラット（全部平らな）」バスが開発されました。

　バスの中で乗客に移動をお願いするのは、バスが停車しているときだけですが、お年よりなど足腰が弱っている人や妊婦などにとっては、停車中でもバスの中の移動には不安があります。また、バス後方の席が空いていても、段を上るのに不安があるため、立ったままでいる人が多くいます。

　フルフラットバスは、段差でつまずいたり転んだりする危険がないので、障害のある人や体調のよくない人、小さな子どもや妊婦だけでなく、だれにとっても安心です。

乗りやすくするための工夫

バスの構造

工夫❶ これまでのバスのエンジンは後方の下部に、バスの縦長の方向と同じ向きに配置されていましたが、フルフラットバスでは、最後部に横にして配置してあります。

工夫❷ エンジンが横向きになったぶん、床を後ろの方まで平らにしています。このため、車内に立っている乗客は段を上らずに、奥までつめて立つことができます。

奥の席が空いてるけど、転んだらいやだしなあ。

これなら奥へ行こう。

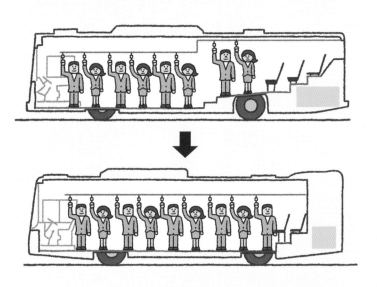

【これまでのバス】　【フルフラットバス】

エンジンの向きの変化

バスの中の工夫

工夫❶ 乗降口に段差がなく、車いすやベビーカーでの乗り降りがしやすくなっています。

工夫❷ 床から天井までの高さが最後部まで同じなので、つり革をバス後方まで取りつけています。

工夫❸ にぎり棒は、座席や床、天井と見分けやすい赤です。にぎりやすい形にしてあります。

工夫❹ 車いす用スペースに座席4つ分をとってあり、スペースを使うときには座席をおりたたみます。車いす使用者やベビーカー使用者が、ゆったりと場所を使うことができます。

車いすが乗り降りするときに必要なスロープは、ふだんはバスの床におりたたんである（上）。必要なときに、開いてバスの外へ出す（下）。

いつもバスを使っている
長山 悦子さんの
お話

Q フルフラットバスは、どんな乗り心地ですか?

A 車内を移動しやすくて、乗りやすいです。

　フルフラットバスは、乗ったあとの移動がしやすいです。奥への通路が少しせまいですが、乗降口のあたりは広々としています。私は高齢者なので、シルバーパスを使って路線バスをしょっちゅう利用しています。運転手さんがいつもていねいに接してくださるので、バスは好きです。運転も上手で、バス停に着いたときには、降りやすい位置にぴったりと停車してくれます。バスは高齢者の足なので、これからもっと利用者がふえていくと思います。

ツーステップバスの時代

　1970年ごろに主流だった路線バスには、乗り降りするときに2段以上の段差がありました。出入り口が2段になっているかわりに、内部の床は平らになっていましたが、車いすを使う人は乗ることができませんでした。ベビーカーを開いたまま乗せることも、できませんでした。

乗降口に2段あるツーステップバス

ワンステップバスになる

　1970年代前半に登場した、乗り降りするときに1段の段差があるバスです。中には、段差の部分に車いす用のスロープが設置してあるバスもありました。ステップが1段になると同時に、バスの床全体を低くする工夫も進められました。

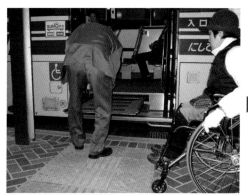

段差の側面にスロープがしまってあり、必要なときは運転手が引き出す仕組み。

路線バスのバリアフリー化年表（東京の都営バスの場合）

西暦	できごと	西暦	できごと
1970	このころはツーステップバスが主流	1997	ノンステップバスを導入開始
	1970年代前半にワンステップバスが登場	2000	「交通バリアフリー法」ができる
1990	スロープつきの床が低いバスを導入開始	2013	全車両がノンステップバスになる
（順次）	リフトつきの床が低いバスを導入開始	2018	フルフラットバスを導入開始
	車体全体の高さを調整する装置つきのバスを導入開始		
	ワンステップバスの床を低くした改良型を導入開始		

ノンステップバスからフルフラットバスへ

1990年代の終わりになって、乗り降りするときに段差のない、ノンステップバスが登場しました。2000（平成12）年にできた「交通バリアフリー法」により、ノンステップバスをだんだんとふやしていくことが決められました。今、日本の路線バスではノンステップバスが主流です。

新しく登場したフルフラットバスでも、車いすやベビーカーの使い方はノンステップバスと変わりません。けれど、これまでのバスとくらべて車内での乗客の移動がしやすいので、車いすやベビーカーが乗りやすくなりました。

運転手が正しい位置にバスを停車させることも大事です。停車させやすいように、バス停の縁石の高さなども、見直されています。

スロープの角度がゆるやかになり、車いすで乗り降りしやすくなった。スロープは、不要なときは車内におりたたんである。

双子用のベビーカーもそのまま乗り降りできる。

きみはどう思う？

みんながバスに乗りやすくなるためにきみができること

車いすを安全に固定することができるスペースは、バスの中央に1か所しかありません。優先スペースには、ふだんはおりたたみ式の座席があり、お客さんがすわっています。車いすを使ってバスに乗る人は、「席をゆずってもらうのは、申しわけないな」と気を使いながら乗ってきます。その気持ちを想像して、車いすを使っている人が乗ってきたら、すぐに立って席をゆずりましょう。

どうも、すみませんね。

いいえ、どうぞ。

考えてみよう！

バスが混んでいないときにも、優先スペースにはすわらないほうがいいのかな？

きみの町を走っているバスには、どんなバリアフリーの工夫があるかな？

調べてみよう！

見てみよう 空港のバリアフリー

空港も鉄道の駅と同じように、たくさんの人が使う公共の交通機関のひとつです。海外の人もよく利用する空港は、その国のバリアフリーの状況をわかりやすくしめす場所でもあります。日本の空港で見られるバリアフリーの工夫を見てみましょう。

✈ わかりやすい案内表示

国内線と国際線、それぞれへの道筋をしめすサインが、床とかべの両方を使ってデザインされています。

考えてみよう！

たくさんの国の人が使う空港では、ほかにどんなバリアフリーの工夫があると便利かな？

どの方向から見てもわかるように、柱を使ってサイン表示をしている。

成田国際空港の誘導サイン。国内線をめざす人は左へ、国際線をめざす人は右へ。フロアを見わたすと、どちらへ進めばよいかがすぐにわかる。

✈ 動く歩道

搭乗口へ向かう通路には、動く歩道があります。大きな荷物を持っている人や、遠くまで歩くことが大変な人にとっては、動く歩道の上に立っているだけで移動できるので便利です。

一方通行の歩道なので、歩道の始点と終点には矢印と進入禁止のマークがつけてある。

✈ 見やすいフライト情報表示

空港では、大きなスクリーンボードに飛行機の便名や目的地など、たくさんのフライト情報がならびます。出発の時刻が近い順に、上から情報がしめされます。横方向に濃さのちがう青を使って、見る人が行を読みちがえないように工夫をしています。

青の背景に白の文字が見やすいフライト情報表示。

✈ 広くて使いやすいトイレ

空港の中には、きれいで使いやすいトイレの整備が進んでいるところもあります。右の写真の女子トイレは、大きなスーツケースを積んだカートごと個室に持ちこめるように、広めにつくってあります。赤ちゃんをすわらせておけるベビーチェアがあり、着がえるときに踏み台として使えるおりたたみ式のボードもあります。

成田国際空港にある、明るくきれいな女子トイレの個室。ドアは前後に開く開き戸ではなく、左右に動く引き戸になっている。

写真提供：Aviation Wire

落ち着くための場所を用意

発達障害や知的障害のある人は、なれない移動や人混み、人びとの視線、音や光などの刺激を受けて不安やストレスを感じることがあります。外出先で気持ちを落ち着かせるための場所が見つからないために、障害のある人やその家族は、外出をあきらめることも多くあります。

一部の空港には、「カームダウン・クールダウンスペース」として、そのようなときに役立つ場所が用意してあります。本人がパニックにおちいらないように、飛行機の搭乗までなどの一定の時間、ここで過ごして、気持ちを落ち着かせることができます。

羽田（東京国際）空港にあるカームダウン・クールダウンスペース。中にはいすがあり、しばらくの間、ひとりで静かに過ごすことができる。

さくいん

あ

ＩＣチップ ……………………………… 10

アンテナ（ＩＣカード）……………… 10

案内サイン ……………………… 27,29,30,31

動く歩道 …………………………………… 38

運賃表 ………………………………… 11,30

駅ナンバリング ………………………… 27,28

エスカレーター ………………………… 18

エレベーター ……………………………… 18,29

か

外国人観光客 ……………………… 13,28

改札 ………………………… 8,9,10,11,12,13

カームダウン・クールダウン ……… 39

切符 ……………………… 9,10,11,12,13

ＱＲコード ………………………………… 17

キリカキ ……………………………………… 10

空港のバリアフリー ………………… 38

車いす … 9,11,13,18,19,20,21,22,23,24,25,35,36,37

携帯電話 …………………………………… 13

交通系ＩＣカード ……… 8,9,10,11,12,13

交通バリアフリー法 …………… 18,36,37

さ

視覚障害 ……………………………………… 16

色覚障害 ………………………………… 28,30

色弱 ……………………………………………… 30

磁気テープ ……………………………… 12

自動改札機 ……………… 8,9,10,11,12,13

隙間ゴム ……………………………… 17,23

スマホ（スマートフォン）…… 8,12,13,17

センサー ……………………………… 11,17

た な

知的障害 ……………………………………… 39

ツーステップバス ……………………… 36

定期券 ……………………………………… 12,13

点字ブロック …………………………… 16,17

転落事故 ………………………………… 16,18

内方線 …………………………………………… 17

にぎり棒 ………………………………… 23,35

ノンステップバス ……………… 33,36,37

は

パーキングパーミット制度 ……… 25

白杖 ……………………………………… 16,17

バス停 …………………………………… 35,37

発達障害 …………………………………… 39

ハートビル法 …………………………… 18

バリアフリー法 ………………………… 18

非常通報装置 …………………………… 22

フライト情報表示 …………………… 39

フルフラットバス … 32,33,34,35,36,37

ベビーカー …… 11,20,21,22,23,35,36,37

ベビーカーマーク …………………… 22

ホーム柵 ……………… 14,15,16,17,18,21

ホームドア …………………………… 15,16

や ら わ

優先スペース ………………… 21,22,25,37

優先席 …………………………………… 24,25

路線案内図 ……………………………… 29

路線シンボル ………………………… 27,28,29

路線バス …… 9,13,21,32,33,35,36,37

渡り板 …………………………………………… 19

ワンステップバス ……………………… 36

監修	川内美彦（東洋大学人間科学総合研究所客員研究員）

一級建築士、博士（工学）。頸髄損傷により19歳から車いすを使用。1989～90年、ユニバーサル・デザインの提唱者であるロン・メイスと親交を結び、薫陶を受ける。障害のある人の社会への関わりについて、「人権」や「尊厳」の視点で分析し、平等な社会参加を権利として確立していく活動を展開している。

国語科指導	岩倉智子（梅光学院大学文学部教授）
装丁・本文デザイン	倉科明敏（T.デザイン室）
企画・編集	渡部のり子・頼本順子（小峰書店） 常松心平・鬼塚夏海（オフィス303）
イラスト	ニシハマカオリ（P5） 常永美弥（P10上、P16、P22、P25、P28、P34上、P37）
図版イラスト	フジサワミカ（P10下、P34下）
図表・グラフ	玉井杏
写真	平井伸造
取材協力	東京都交通局、東急電鉄(株)、アール・イー・アイ(株)、(社福)日本視覚障害者団体連合、長山悦子、中山利恵子、小曽根正和
写真協力	東京都交通局、東急電鉄(株)、東京地下鉄(株)、三重県子ども・福祉部地域福祉課、新開俊光、日本空港ビルデング(株)、(株)日建設計、長谷川健太、PIXTA、イメージナビ

みんなが過ごしやすい町のバリアフリー
②乗り物に乗る工夫

2022年 4 月 9 日　第1刷発行
2022年11月11日　第2刷発行

発行者　小峰広一郎
発行所　株式会社小峰書店
　　　　〒162-0066 東京都新宿区市谷台町4-15
　　　　TEL 03-3357-3521　FAX 03-3357-1027
　　　　https://www.komineshoten.co.jp/
印刷・製本　図書印刷株式会社

© Yoshihiko Kawauchi 2022 Printed in Japan
NDC 369　40p　29 × 23cm　ISBN978-4-338-35002-0